HIPÓTESES DE AMOR

Annalisa Cima e Alexandre, 1986 – Lugano.

HIPÓTESES DE AMOR

Annalisa Cima

Organizadores
Maria Eugenia Boaventura
Ivo Barroso

Tradutores
Alexandre Eulalio
Ivo Barroso

Ateliê Editorial

Título do original em italiano
Ipotesi d'amore

Copyright © 2002 Annalisa Cima

Direitos reservados e protegidos pela Lei 9.610 de 19.02.1998.
É proibida a reprodução total ou parcial sem autorização,
por escrito, da editora e do autor.

ISBN: 85-7480-085-6

Editor
Plinio Martins Filho

Produtor Editorial
Ricardo Assis

Direitos reservados à
ATELIÊ EDITORIAL
Rua Manoel Pereira Leite, 15
06709-280 – Granja Viana – Cotia – SP
Telefax: (11) 4612-9666
www.atelie.com.br
e-mail: atelie_editorial@uol.com.br

Printed in Brazil 2002
Foi feito depósito legal

Dedico este livro a CHERUBINO

E se non ho chi m'oda
Parlo d'amor com me.

Se não tenho quem me ouça
Falo de amor comigo.

Bodas de Fígaro. Libreto dei Da Ponte

SUMÁRIO

AMOR E AMIZADE – *Maria Eugenia Boaventura* 15

PER CHERUBINO / A CHERUBINO 21

    1. a Cherubino 22/23

    2. a Cherubino 24/25

    3. a Cherubino 26/27

    4. a Cherubino 28/29

    5. a Cherubino 30/31

    6. a Cherubino 32/33

    7. a Cherubino 34/35

    8. a Cherubino 36/37

    9. a Cherubino 38/39

    10. a Cherubino 40/41

    11. a Cherubino 42/43

    12. a Cherubino 44/45

PER ALTRI / A OUTROS 47

    13. al nonno Francesco / a vovô Francesco 48/49

    14. a mio padre Titta / a meu pai Titta 50/51

    15. a mio fratello Francesco / a meu irmão Francesco 52/53

    16. a Lui / a Ele 54/55

    17. a S. / a S. 56/57

    18. a Vincenzo Agnetti 58/59

19. a Marisa Bulgheroni 60/61

20. a Vico Faggi 62/63

21. a Luigi Fenga 64/65

22. a Franco Fortini 66/67

23. a Jorge Guillén 68/69

24. a James Laughlin 70/71

25. a Claudio Magris 72/73

26. a Allen Mandelbaum 74/75

27. a Eugenio Montale 76/77

28. a Marianne Moore 78/79

29. a Pier Paolo Pasolini 80/81

30. a Ezra Pound 82/83

31. a Gabriella Ronchi 84/85

32. a Vanni Scheiwiller 86/87

33. a Cesare Segre 88/89

34. a Giuseppe Ungaretti 90/91

35. a Luchino Visconti 92/93

36. a Andrea Zanzotto 94/95

ANEXOS 97

    Cartas de Alexandre Eulalio 99

    Posfácio de Annalisa Cima 115

AMOR E AMIZADE

Hipóteses de Amor de Annalisa Cima (1941), publicado originalmente em 1984, na Coleção Poesia, pela importante editora milanesa Garzanti, quatro anos depois foi editado pela Grenfell Press de Nova York, na tradução de Jonathan Galassi. Livro composto de 36 poemas, dos quais Alexandre Eulálio (1932-1988) deixou 24 traduzidos e o poeta Ivo Barroso completou o restante. Um conjunto de cartas trocadas entre Alexandre e a amiga, mais um posfácio da escritora ampliam esta edição bilíngüe. Idéia acalentada pelo querido Alexandre, como mostram as entrelinhas da correspondência, guardada juntamente com as traduções, por Annalisa, agora apresentada, toda ela esculpida na desenhada caligrafia de sempre, cujas curvas parecem acompanhar as costumeiras digressões alexandrinas. A organização desta edição brasileira dá seguimento ao projeto de publicação da obra multifacetada e inédita em livro de Alexandre Eulálio, iniciada em 1993[1]. Desta vez, o leitor terá Alexandre tradutor de poesia, e, ao mesmo tempo, será uma boa oportunidade para homageá-lo, quando entraria na casa dos 70.

Artista plástica, com incursões pela música e pintura, Annalisa Cima estreou na poesia em 1969 com *Terzo Modo*, publicado mais tarde pela

---

1. Juntamente com Carlos Augusto Calil, organizamos os seguintes volumes com textos de Alexandre dispersos em jornais, revistas e em diversas outras publicações: *Alexandre Eulálio Diletante*, Campinas, Remate de Males/Unicamp, 1993; *Livro Involuntário*, Rio de Janeiro, UFRJ, 1993; *Borges ou da Literatura*, Remate de Males, Campinas/Unicamp, 1999. Recentemente, Calil editou *Aventura Brasileira de Blaise Cendrars*, ed. revista e ampliada, São Paulo, Edusp e Imprensa Oficial, 2001.

conhecida editora nova-iorquina New Directions, em tradução de Sizzo de Rachewiltz (1980). Dois anos depois, publicou *La Genesi e Altre Poesie*, seguido de *Immobilità* (1974), que teve edição espanhola feita por Jorge Guillén (1976) e *Sesamon* (1977), incluído na prestigiosa coleção Poesia da Editora Guanda. Além de Guillén, Marianne Moore, Allen Mandelbaum, Van Bever, P. Hadas, H. Helbling e L. Santini também foram seus tradutores. A bela edição da antologia *Quattro Tempi* (1986) reúne estas e outras experiências, todas elas de autoria de poetas, precedidas de comentários críticos de Marisa Bulgheroni, Cesare Segre e Lea R. Santini. Ali foram publicados quatro poemas traduzidos por Alexandre: "A Cherubino", "A Ele", "A S." e "A Marisa Bulgheroni", de *Hipóteses de Amor*. Complementam a sua obra de poeta os livros: *Aegri Somnia* (1989), *Quattro Canti* (1993), *Eros e il Tempo* (1993), *Il Tempo Predatore* (1997), *Hai Ripiegato L'Ultima Pagina* (2000) e *Canti della Primavera e della Sopravvivenza* (2001).

Annalisa ainda publicou vários ensaios, na coleção Occhio Magico do editor Vanni Scheiwiller, onde recupera histórias de amizade com personalidades importantes da literatura ocidental, tais como: Aldo Palazzeschi, Marianne Moore, Giuseppe Ungaretti, Murilo Mendes, Jorge Guillén, Ezra Pound e Eugenio Montale, de quem se tornou musa e testamenteira da sua obra, e organizou o *Diário Póstumo*, recentemente traduzido no Brasil por Ivo Barroso.

De *Terzo Modo* a *Hipóteses de Amor*, pode-se traçar um percurso poético marcado pelo amadurecimento da escritora. Depuração, condensação, aliada à dramaticidade e tensão progressivas acompanham o processo pessoal de revisitação de temas caro à tradição da lírica ocidental, explorando uma imagética sofisticada: o amor e amizade, agora em certa roupagem contemporânea, marcada pela intensa substantivação, mistura de línguas e manipulação do espaço gráfico. Ao longo deste itinerário, observa-se ainda a insistente recorrência de motivos, tais como a solidão, a trama do tempo, o crepúsculo, a angústia, o tédio, para os quais encontra saída na rememoração e na invenção. Ou melhor, no processo de encantamento próprio à arte, de modo geral. A rica aliteração, os recursos da rima interna e os efeitos rítmicos intensos foram preservados pelos tradutores, bem como a recriação das expressões mais complicadas, garantindo assim ao leitor brasileiro o deleite da complexa musicalidade dos poemas que remete ao seu modelo mozartiano e certamente à poesia dos clássicos italianos.

MARIA EUGENIA BOAVENTURA

HIPÓTESES DE AMOR

PER CHERUBINO / A CHERUBINO

1. A CHERUBINO

Forse analogie naturali
danzano la gioia
forse scolorita la noia
dell'inganno

                vanno

le ipotesi d'amore.

Forse bastava

              una lama

per trinciare pensieri
futilità, e darci
in un fusorio incontro
compattezza

           temperatura

                brama.

Le sorti della guerra
sono incerte.
Vincerò: perché Venere
dà a me i regni
che Marte dona agli altri.

1. A Cherubino

Talvez analogias naturais
dançam alegria
talvez descorado tédio
do engano
                    vão
hipóteses de amor.

Talvez bastasse
                    uma lâmina
para trinchar pensares
futilidade, e dar-nos
em fundível encontro
compacteza
          temperatura
                    gana.

As sortes da guerra
são incertas.
Vencerei: Vênus
a mim dá reinos
que Marte doa a outros.

TRAD. ALEXANDRE EULALIO

2. A CHERUBINO

1.

Amante amato amandoti
ho gocce negli occhi
e sale nel palato
non vi è iato tra noi
           siamo
calore calato nel vivere obliando
e quando guardo
                vedo che sei sole
colore che muta e invita a perdersi
nel solco che dall'ansia dirama.

2.

Gettati gli ultimi fiori
lo troviamo bianco
questo campo di seminagioni.
Vi sono stagioni di pianto
e stagioni dove il canto dei giorni
muta il passato congelato.
E allora percorrere cammini di muschi
uniti nei vapori-sudari
saper cogliere il ritorno
           di un giorno smarrito.

2. A Cherubino

1.
Amante amado amando-te
tenho lágrimas nos olhos
e sal no meu palato
mas não há hiato entre nós
                que somos
calor calado no viver deixando
e quando te olho
                vejo que és o sol
e cor que muda convidando à perda
no sulco que da ânsia se propaga.

2.
Lançadas as últimas flores
achamo-lo branco
este campo de germinações.
Há sempre estações de pranto
e estações em que o canto dos dias
muda o passado congelado.
E percorrer então os caminhos de musgo
unidos nos vapores-sudários
sabendo colher o sentido
                de um dia perdido.

TRAD. IVO BARROSO

3. A CHERUBINO

Con bocca da bambino
       Cherubino,
hai incatenato le mie anella,
con pupilla divina
ai cancelli delle acque lustrali,
nei viali di erbe
già percorsi per gioco,
allacci la mia brama.
Trama il tempo
trema l'ardire nel silenzio,
e tiro il filo
che mi tiene avvinta.
Aminta mio
che riempi notti
di delicate note rilucenti.

3. A CHERUBINO

Com boca de menino
              Cherubino,
encadeaste os meus anelos,
com pupila divina
em cancelas de águas lustrais,
nas aléias de verde
antes percorridas num jogo,
enlaças a minha gana.
Trama o tempo
trema o fremer no silêncio,
e repuxo o fio
que me mantém atada.
Meu Amintas
que preenches as noites
com delicadas notas reluzentes.

TRAD. ALEXANDRE EULALIO

4. A CHERUBINO

Cominciò per gioco
poi poco a poco
improvviso il richiamo
degli occhi che mi fanno
                        impallidire.
Chiaro è il nesso tra noi
trame eran gia sottese
correvano magie di venti.
All'alato chiedo
che non fermi il gioco
conosco i segni dell'antico fuoco:
dolce è deporre la saggezza
a tempo e luogo.

4. A CHERUBINO

Começou como jogo
Depois a pouco e pouco
imprevisto chamado
de olhos que me fazem
                    empalidecer.
Claro esse nexo entre nós
tramas subtendidas
percorriam magias de ventos.
Ao alado peço
que não feche o jogo
conheço os antigos sinais de fogo:
suave depor o rigor
a tempo e hora.

TRAD. ALEXANDRE EULALIO

5. A CHERUBINO

E quando
ripercorri il cammino
elsa, stelo, regno
del fiorire,
non vi è arroganza
nel tuo ardire:
aquila che torni nella roccia
goccia di mille spirali
risali i viali dell'impallidire
quasi terra d'esilio
che t'accolse guerriero
e ti ritrova figlio.

5. A CHERUBINO

E quando
percorres o caminho
haste, esteio, reino
do enflorar,
não há arrogância
em teu ousar:
águia que volta em sua rota
gota de mil espirais
vais pelos ramais do empalecer
quase terra de exílio
que te acolhe guerreiro
e te reencontra filho.

TRAD. IVO BARROSO

6. A Cherubino

Luminoso e solo
incantamento di un giorno
rimedio al tedio,
divenire insieme
è sortilegio
di un sole che risale
lucido al mattino.

6. a Cherubino

Luminoso e só
encantamento dum dia
remédio ao tédio,
devir juntos
sortilégio
dum sol que de novo sobe
lúcido de manhã.

TRAD. ALEXANDRE EULALIO

7. A CHERUBINO

L'obiettivo
            è la promessa
terra di significati
nelle ore del proibito.
Mentre immagini
scorrono a ritrattare
e rafforzare il
rem acu tetigisti.

7. A Cherubino

Objetivo:
            a promessa
terras de significados
nas horas do proibido.
Enquanto pensamenteias
fluem a retratar
e reforçar o
rem acu tetigisti[1].

TRAD. ALEXANDRE EULALIO

1. "Tocar a coisa com a agulha": passagem de Plauto, *A Corda*, ato V, 2, 19.

8. A CHERUBINO

La lunga notte dell'oblio
ha lasciato ferite
il risveglio ore amare.
Questo indifeso pensare
ha il sofferto della febbre
fa sentire il mondo
con senso di minaccia.
Puoi la gioia fare rifiorire
con la tua grazia priva di confini?
Inchini del dare, del volere
soggiacere ai nessi che
son fonti di vita:
ammanti, luci, unioni
bosco di librati abbandoni.

8. A Cherubino

A longa noite do olvido
deixou feridas
amargas horas o acordar.
Agora o indefeso pensar
tem o sofrido da febre
faz sentir o mundo
como um sinal de ameaça.
Podes fazer reflorir a alegria
com tua graça isenta de lonjuras?
Mesuras do dar, do querer
submeter-se aos nexos que
são fontes de vida:
há mantos, luzes, uniões,
bosque de suspensos abandonos.

TRAD. IVO BARROSO

9. A Cherubino

Dimmi senti anche tu
 il correre del tempo.
Sembra lontano il giorno
                dell'incantamento.
Muovo i passi
a sottili ritrovi,
tesi fili di archi
verso acque furtive
dove arcadi insieme andiamo.

9. A CHERUBINO

Diz–me sentes também
o correr do tempo.
Parece distante o dia
   do encantamento.
Movo os passos
para sutis reencontros,
tesos fios de arcos
até águas furtivas
onde árcades os dois nos encaminhamos.

TRAD. ALEXANDRE EULALIO

10. A CHERUBINO

Cucùlo incantatore
               canta
mentre avanza
l'ora del tramonto.
E da lontano
voce che giungi
alla foce dell'immaginare
deponi passo dopo passo
il breve, il lungo tempo
dell'andare.
         Sogna,
vivi frammenti
con denti rilucenti
furtive deità
         del trattenere.

10. A CHERUBINO

Cuco encantador
           canta
enquanto avança
a hora do crepúsculo.
E de longe
voz que atinge
a foz do imaginável
depõe passo após passo
o breve, o longo tempo
do andar.
      Sonha,
vivos fragmentos
com dentes reluzentes
furtivas deidades
         do reter.

TRAD. IVO BARROSO

11. A Cherubino

Anche tu invecchierai
e morirai del male del finire.
Resta il tempo per cantare
una mattina ritrovata.

11. A CHERUBINO

Tu também envelhecerás
morrendo do mal de acabar.
Resta o tempo para cantar
certa manhã reencontrada.

TRAD. ALEXANDRE EULALIO

12. a Cherubino

Sei giunto
e la tua mano risveglia motivi
danzando su declivi divini.
Gemi, e i muri
sentono i tuoi ardori.
Lisa, alissa, vana
ut, fenice, vale
tieni e mai e ancora,
a tergo il cavaliere
siede e divora.

12. A CHERUBINO

Chegaste
e a tua mão desperta motivos
dançando sobre declives divinos.
Gemes, e as paredes
ouvem o teu ardor.
Lisa, alissa, leve
ut, fenice, vale[1]
reténs nunca e ainda,
pelas costas o cavaleiro
senta e devora.

TRAD. ALEXANDRE EULALIO

1. "Como, fênix, está".

PER ALTRI / A OUTROS

13. AL NONNO FRANCESCO

Lo sconosciuto momento,
per ritrovare il tempo insieme,
                    s'avvicina
conto ore e frammenti
vivo negli assenti tuoi occhi
l'arbitrario evento dell'abbandono.

13. A VOVÔ FRANCESCO

O desconhecido momento,
de juntos reencontrarmos o tempo,
                        avizinha-se
conto horas fragmentos
vivo nos ausentes olhos teus
o arbitrário evento do abandono.

TRAD. ALEXANDRE EULALIO

14. A MIO PADRE TITTA

Scorre il fuggevole gioco
dei giorni, e ti rivedo solo.
Anche il sole muore.
Del mio amarti
resta nel buio un lume
nume della mia infanzia,
demenza del sapere.
Passo dopo passo
hai voluto avanzare
nel baratro del niente,
vocazione solitaria
di chi non dura alla memoria.
Senza te perdo terre lontane,
rimane il fruscio
di un ippocastano
resta intatta una traccia,
un temporale, un ipse solus,
un tordo, un Margit, un'Alice
e quel dice Nietzsche
e la Treccani
adorate mani sul tavolo da gioco.
Loco, tetragono, upsa
e il gergo e il greco e il fallo.
Titta, ritta su te
la fine non ha scopo.
Sei finito in me
osmosi di lombi e mente
gente folle e sincera
vera stirpe di disperazione.

14. A MEU PAI TITTA

Transcorre o jogo fugaz
dos dias, e te revejo só.
Também morre o sol.
Do meu amar-te
resta no escuro um lume
nume da minha infância,
demência do saber.
Passo após passo
quiseste avançar
no báratro do nada,
vocação solitária
de quem não dura na memória.
Sem ti perco terras do distante,
mas fica o sussurrar
de um castanheiro
resta intato um traço,
um temporal, um *ipse solus*,
um tordo, um Margit, uma Alice
e o que diz Nietzsche
e a Treccani
adoradas mãos sobre a mesa de jogo.
Logus, tetrágono, op-lá
e a gíria e o grego e o falo.
Titta, reta, ereta sobre ti
o fim não tem escopo.
Acabaste em mim
osmose de costado e mente
gente louca e sincera
vera estirpe de desesperação.

TRAD. IVO BARROSO

15. A MIO FRATELLO FRANCESCO

Dov'è quel luogo
occultato segreto
per nascondere
il dato, il detto
per risalire
in un fruscio d'amore
che non marcisca in bocca.

15. A MEU IRMÃO FRANCESCO

Onde aquele lugar
ocultado secreto
para esconder
o dado, o dito
para reescalar
num farfalho de amor
que não murche na boca.

TRAD. ALEXANDRE EULALIO

16. A Lui

Per persuadermi al tuo amore
vieni da me a sciogliere
        questo nodo d'angoscia.

Tu solo puoi.
Tu fitto d'ali di laridi.

Guarda
siamo alti sul ramo
al sole del mattino.

E lasciamo perle sul cammino,
dolci gocce
        dell'inganno.

16. A Ele

Para persuadir-me do teu amor
vem até mim desatar
        este nó de angústia.

Apenas tu podes.
Tu firme de asas lárides.

Olha estamos alto sobre o ramo
ao sol da manhã.

E deixamos pérolas pelo caminho,
doces gotas
        do engano.

TRAD. ALEXANDRE EULALIO

17. A S.

Una Esse infinita
di Sospensioni, Sapori
Suoni lontani, solcava
emblema del muto pensarti,
il mare.
Restò,
mosso infinito disegno
del nostro incontro.

17. A S.

Um Esse infinito
de Suspensões, Sabores
Sons longínquos, sulcava
o emblema de um mudo lembrar-te,
o mar.
Restou,
o móvil infinito desenho
do nosso encontro.

TRAD. ALEXANDRE EULALIO

18. A Vincenzo Agnetti

Topazio del giorno ritrovato
abbandoni la luce
gemma dilemma delle consuetudini
e vivi la sconfitta
rinunciando al ritorno.

18. A VINCENZO AGNETTI

Topázio do dia reencontrado
abandonas a luz
gema dilema das consuetudes
e vives a derrota
renunciando ao regresso.

TRAD. ALEXANDRE EULALIO

19. A MARISA BULGHERONI

E moriremo
consumando l'ultima
                    frenesia
nell'effusione del vivere
nell'idea del bello
intatti i desideri
e il tempo per essi.

19. A MARISA BULGHERONI

Morreremos
consumando o último
                    frenesi
na efusão do viver
na idéia do belo
intactos os desejos
e o tempo para eles.

TRAD. ALEXANDRE EULALIO

20. A VICO FAGGI

Col vuoto intorno
in un formicaio di menzogne
siamo
questo presente di gioia.

20. A VICO FAGGI

Com o vazio em torno
a um formigueiro de mentiras
somos
este presente de alegria.

TRAD. IVO BARROSO

21. A LUIGI FENGA

Abbiamo messo a confronto
le nostre solitudini
cercate risposte
appese ai fili
che tremano fra noi.
Ed ora ci guardiamo
senza tempo né luogo.

21. A LUIGI FENGA

Confrontamos
as nossas solidões
buscadas respostas
presas aos fios
que fremem entre nós.
E ora nos olhamos
sem tempo nem lugar.

TRAD. ALEXANDRE EULALIO

22. A FRANCO FORTINI

Né dio né animale
senti l'ebrezza del volo
e il vuoto della caduta.
Vivi in acqua profonda
la moribonda
presenza del tempo.

22. A Franco Fortini

Nem deus nem animal
sentes a embriaguez do vôo
e o vazio da queda.
Vives em água profunda
a moribunda
presença do tempo.

TRAD. ALEXANDRE EULALIO

23. A JORGE GUILLÉN

Marina disseccata.
Sola, ritrovo quel salire
che abbandonai per tema.
Mentre trema l'auspicio
e il nadir dell'empireo
ritrovato offre
sogni da proseguire.

23. A JORGE GUILLÉN

Marinha ressequida.
Só, reencontro o ascender
que abandonei como tema.
Enquanto freme o auspício
e o nadir do empíreo
reencontrado oferece
sonhos para prosseguir.

TRAD. ALEXANDRE EULALIO

24. A James Laughlin

Luminosi credi
siete il volto dei suoni
regione
del vivere in ascolto.

24. A JAMES LAUGHLIN

Luminosos credos
sois a face dos sons
região
do viver em escuta.

TRAD. ALEXANDRE EULALIO

25. A CLAUDIO MAGRIS

Per te nostalgia del vero
moriremo   solo un momento.
Per tornare senza il tormento
del sapere,
a comporre e scomporre
un piccolo assoluto.

25. A CLAUDIO MAGRIS

Por ti nostalgia da verdade
morreremos   só por um momento.
Para voltar sem o tormento
do saber,
a compor e descompor
um pequeno absoluto.

TRAD. IVO BARROSO

26. A ALLEN MANDELBAUM

Ho creduto nelle parole
seminate come fiori.
Tempo   spazio   azione
sono sfrangiati linguaggi
misure imprecisabili
fantasmi di purificazione.

26. A ALLEN MANDELBAUM

Acreditei em palavras
semeadas como flores.
Tempo espaço ação
são desfiadas linguagens
medidas imprecisáveis
fantasmas de purificações.

TRAD. IVO BARROSO

27. a Eugenio Montale

Terso profilo di mare
voce che porti stupore
e dipani pensieri
resta in quel mondo
che confonde
presente e passato
gocce di tempo e suoni,
cristallino ghiacciato
dove specchiarsi
è un altro giorno.

27. A Eugenio Montale

Terso perfil de mar
voz que trazes assombro
desanuvias pensamentos
fica naquele mundo
que confunde
presente e passado
gotas de tempo e sons,
cristalino gelado
onde espelhar-se
é um outro dia.

TRAD. IVO BARROSO

28. A MARIANNE MOORE

Infinito modo della conoscenza.
In un solo momento
l'impossibile diviene
e ci toccano in sorte
desiderio e distacco.

28. A MARIANNE MOORE

Infinito modo do conhecimento.
Num só momento
o impossível incorpora-se
e nos tocam em sorte
desejo e distância.

TRAD. ALEXANDRE EULALIO

29. A Pier Paolo Pasolini

Si cibano di noi
        gli avvoltoi
così può il sole
cadere vittima
     del sortilegio.
Giorno sei illusione
notte
caverna d'ombre
dove spiccano il volo
laridi
   e incensi
   dimenticati.

29. A Pier Paolo Pasolini

Repastam-se de nós
                    os abutres
assim pode o sol
tombar vítima
            do sortilégio.
Dia ilusão
noite
caverna de sombras
onde alçam vôo
larídes
        e incensos
        olvidados.

TRAD. ALEXANDRE EULALIO

30. A Ezra Pound

Essere, ma
non continuamente
strappare alla vita
quel niente
che è
mutazione infinita.

30. A Ezra Pound

Ser-se, mas
não continuamente
arrancar da vida
aquele nada:
mutação infinita.

TRAD. ALEXANDRE EULALIO

31. A GABRIELLA RONCHI

Sorvolante mano d'ala
dona la sorte
e nulla più sorprende
                    tende
logiche nuove, muove
prove d'osmosi
ritrovi di lontano silenzio
già riempito di grida,
abbandono del giorno
all'ombra dell'andato via.
E il vento che sfiora
ha albori che portano
altri albori.

31. A GABRIELLA RONCHI

Sobrevoante mão de asa
doa a sorte
e nada mais surpreende
                estende
lógicas novas, move
provas de osmose
comprove o longínquo silêncio
já repleto de gritos,
abandono do dia
à sombra do ir-se embora.
E o vento que desflora
tem alvores que trazem
outros alvores.

TRAD. IVO BARROSO

32. A VANNI SCHEIWILLER

Ritornerà
il tempo dell'andare
nel vaneggiante presente.
Assente al vivere
spio il mare
specchio dei domani.

32. A VANNI SCHEIWILLER

Retornará
o tempo de andar
no delirante presente.
Ausente do viver
espio o mar
espelho do amanhã.

TRAD. IVO BARROSO

33. A CESARE SEGRE

Gioia è la lode
del lodato amico
che del linguaggio
regola il pensare.

Trovo più verità
in un torrente di parole
che nell'incerto serto del domani
o nella resa di fronte al saggio.

Preme il continuare insieme
                              la parola
perché è il nostro amore
è la nostra patria.

33. A CESARE SEGRE

Alegria louvar
o louvado amigo
que da linguagem
regula o pensar.

Encontro mais verdade
numa torrente de palavras
do que na festa incerta do amanhã
no render-se diante ao justo.

Urge continuar lado a lado
                   a palavra
porque nosso amor
nossa pátria.

TRAD. ALEXANDRE EULALIO

34. A Giuseppe Ungaretti

Salire nell'empireo del
nec soli impar.
Così il navigatore
         parlò ai venti
e il vento alla poesia
vicina la dea
e il sentire le nostre rime
votate al non finire.

34. A GIUSEPPE UNGARETTI

Subir ao empíreo do
nec soli impar[1].
Assim o navegador
    falou aos ventos
e o vento à poesia
vizinha a deusa
e o ouvir as nossas rimas
votadas ao não findar.

TRAD. IVO BARROSO

1. "Igual ao sol".

35. A Luchino Visconti

La ferita è già terra
fiorita di lillà
l'intorno non nega
né l'ora né il giorno
assapora quel lento venir meno.
Oggi tocca il morire
ieri l'amare
domani le note dell'incanto
diraderanno il pianto.

35. A Luchino Visconti

A ferida já é terra
florada de lilases
o entorno não nega
nem hora nem dia
saboreia esse lento desmaiar.
Hoje sucede o morrer
ontem o amar
amanhã notas do encanto
diluirão o pranto.

TRAD. ALEXANDRE EULALIO

36. A ANDREA ZANZOTTO

Salute
a chi crea danze nuove
quasi tutto è scontato
resta il gusto di reinventare
spenta l'ultima luce
dell'abituale.

36. A ANDREA ZANZOTTO

Saúde
a quem cria danças novas
quase tudo é descontado
resta o gosto de reinventar
apagada a última luz
do habitual.

TRAD. ALEXANDRE EULALIO

ANEXOS

CARTAS DE ALEXANDRE EULALIO

Rio de Janeiro, 6.VIII, 1984[1]

Cara Annalisa Cima:

O teu belo *Hipóteses de Amor* (que, uma vez por todas, denuncia, ao mais distraído dos leitores, o profundo coração perplexo de ouvinte e a qualidade do ourives refundidor da linguagem) provocaram, neste seu distante amigo, um grande concerto de gratas sensações. Grato, em primeiro lugar, por sua lembrança afetuosa: o elegante volumezinho apresentado pela Garzanti, com o limpo perfil Pisanello do poeta, pousado sobre campo de argêntea, é delicioso[2]. Mas além do envelope havia o bilhete – coisa tanto única como rara – passaporte politonal, candente como as partituras de W.A., e reautenticado com a benevolência sem ilusões do meu caríssimo confessor, o bom abade Lorenzo[3] libretista, mais genial impossível para as melodiosas ardentes levemente melancólicas partitas da cítara. Grato de novo agora, com um gigante G trilobado (cada um dos lóbulos abraçado por uma das três irmãs) da alada ponte laurenziana que você conseguiu projetar entre os duplos V de Volfgango e Watteau, agora tornados quádruplos, asas de uma única *nikè* erótica, difícil reascensão do querubim arruinado pelo desejo que não sabe dizer o seu nome, do desejo (como os vampiros) que não se excita ao ter uma imagem

---

1. Carta publicada no original italiano em *Alexandre Eulalio Diletante*, Remate de Males, Campinas/DTL-Unicamp, 1993, pp. 93-94.
2. Alexandre está referindo-se à capa do livro com o retrato da autora à maneira do medalhista (1395-1455) que fazia os perfis da corte italiana.
3. Lorenzo Da Ponte, libretista de *As Bodas de Fígaro.*

refletida no espelho ocultado no poço – reascensão em direção à sacada da Afrodite celestial.

Por este discurseto pequenomirandolês[4] de subdesenvolvido (...meramente sul-americano, diria Borges) pudesse talvez imaginar as emoções contraditórias provocadas pelos seus últimos versos. Resultado verdadeiramente catastrófico, modéstia à parte: nada menos que a *gauche* (mas não *gauchiste*, antes... neoplatônica) laudeannalisa, que as bruxas à escocesa do meu subconsciente condimentaram com material *fair and foul* de qualquer almanaque mal digerido. Uma arieta irrespirável que compus sobre o modelo dos nossos grandes líricos do Novecentos: Manuel Bandeira, Jorge de Lima e (do seu e meu) Murilo Mendes[5]. Legião que, a quatro vozes – não importa se desafinada a última – reinventam um seu-meu perfil mítico, projeção desajeitada das elegantes *Hipóteses*. Estranha roupa, realmente.

Mas lhe confesso logo que me surpreendi primeiro: onde descobri tão insólito *impromptu* sobre o amor sacro profano? Nenhuma dúvida: o seu querubim despertou-me, em chave de minileque mallarmeano sob espécie de jogo onomástico para Annalisa. *Amar, Verbo Intransitivo* (Mário de Andrade, 1925) solidão angelical, gratuidade esmagada do amor humano, indeterminação afetiva, sangue e sexo de poder e autoridade, a garganta infante devoradora de frutos malignos (Branca de Neve, Eva, Ulisses, eu mesmo), a presença quase invisível de "demônios familiares" – atrás da sombra de Querubim está presente também no Pedro, negro escravo intrigante da comédia romântica, 1856, do nosso José de Alencar[6], o autor de *O Guarani* que Carlos Gomes musicaria em Milão quinze anos depois –, tudo isto de qualquer modo se faz presente, com pedante ingenuidade, no quase-rondó/de seguro rococó/que não sabia ter que escrever para você anteontem, olhando as encostas florestais do alto monte Corcovado, desta ampla varanda da Rua

---

4. Refere-se à pequena cidade de Mirandola, província de Modena.
5. Alexandre transcreveu o poema "Maçã", de Manuel Bandeira (do *Lira dos Cinquent'anos*, cf. *Poesias Completas*, Rio de Janeiro, 1940), o soneto "A Torre de Marfim, a Torre Alada", de Jorge de Lima (*Livro de Sonetos*, Rio de Janeiro, Livros de Portugal, 1949) e o verso "perambular pelos terraços de Mozart" de Murilo Mendes.
6. Refere-se à peça *O Demônio Familiar*, comédia em quatro atos, representada pela primeira vez no Teatro do Ginásio, do Rio de Janeiro, em 5 de setembro de 1857.

Lopes Quintas, no quarteirão do Jardim Botânico, instalado no apartamento do meu amigo Marco Paulo Alvim[7], pintor refinado de obra quase secreta e, sobretudo, estudioso e historiador do floreal europeu e indígena – onde sou hóspede paulista por uma semana e meia.

Deve pois perdoar esta incursão veleitária na sua língua e no seu jardim. Aceite-a porém com a sua imperial elegância Casa d'Áustria que uma fada muito benevolente (abençoada ela) coroou diversas vezes de beleza inteligência fortaleza de ânimo. Aceite-a além disto como aquilo que é – hipótese de amor que lhe leva sobre as asas do correio aéreo o meu mais afetuoso e admirador abraço.

ALEXANDRE EULALIO

P.S. Belo, belíssimo, o texto introdutório de Marisa Bulgheroni[8].

AD ANNALISA CIMA RICEVENDO I SUOI VERSI DI *IPOTESI D'AMORE*
[MILANO: GARZANTI, 1984]

Ipotesi d'amore
per Cherubino.
(Sento un rossore.
Il tema è ambiguo.)

Perchè rubino?

Rosso come l'amore
divino:
in abisso
il profondo Cuore
di Annalisa.

7.   Marco Paulo Alvim, pesquisador da Casa Rui Barbosa, falecido recentemente.
8.   Refere-se à introdução para a edição italiana deste livro.

Che però è cima
alta come la torre
d'avorio di cui parla
il Nostro, Jorge
de Lima.
Torre d'ossa e sangue
mai esangue
e fuori prumo
nel fumo che sale
del fiume
a Pisa.

Anzi:
torre dipinta
dal Conegliano
– rosso veneto fango –
sullo sfondo di silente
sacra conversazione
sull'amore divino
col Bambino
che gioca proprio
– guarda caso! –
con certo alato
arcitipico cherubino
archetipico.

Ipotesi di torre
d'amore
nella cui cima,
voce diamantina,
canta Annalisa
donna d'ossa e sangue
niente affato esangue
che ci riapre
dolciaspre
le terrazze di Wolfgango
– lupo primordiale.

Calamo punta di rubino
inchiostro sanguigno:
in un solo momento
desiderio e distacco
fruscio d'amore
ipotesi vernante.
Sapore di frutta
in bocca:
verde maturo rubino
rosso come l'amore
divino – mela
per Cherubino.

ALEXANDRE EULALIO
Rio de Janeiro, 2 agosto, 1984

Lion, 24 setembro 1985

Annalisa, caríssima:

Aqui estou no Lyonnais, na parte final da viagem instauradora do projeto França-Brasil. Depois de Lion, Grenoble, de stendhaliana memória – minha camaradagem com Beyle é o momento decisivo da autobiografia imaginária –, Marseille, Toulouse, Nice... Saio dia 29, à tarde, de novo para Paris. Pensava então encontrá-la a 1 de outubro e até reservei o vôo Paris-Zurique (a que tinha direito: vôo AF682, que deixa Paris às 12.30). Em Zurique poderei pegar o vôo doméstico das 16.10, que chegaria em Lugano às 5.5 ou o trem – o que me agradaria mais para usufruir, na pura estranheza tropical, a paisagem alpestre – das 14.04 que chega a Lugano às 17.22. Agrada-lhe alguma destas possibilidades? Ou talvez acredite que seria melhor em outra oportunidade. Deve ser absolutamente sincera, etmologicamente ingênua a meu respeito. Como estou em viagem por toda a semana, pedirei que me escreva, ou telefone, para o endereço dos encantadores Pierre e Violeta Gervaiseau (ela é brasileira, de Pernambuco) 3 rue Chapon, Paris 3ème, telefone 2771182, onde, no caso de telefonar, pode deixar a mensagem com Violeta[1] ou Pierre ou algum dos filhos. Tenho muita vontade de vê-la e há tanto para conversar! Vi Saudade em Lisboa. Despeço-me: o programa oficial começa a qualquer minuto – o meu "homólogo" francês, o jovem embaixador André Lewin me espera para o café no andar de baixo e já chamou. Não esqueci de fazer as

1. Violeta Arraes, irmã do político Miguel Arraes, ex-governador de Pernambuco.

traduções. Em Villalta, Dom Carlos[2] me passou o pacote com os três *Hipóteses* que lhe havia pedido e já escolhi três textos que renderão bem na língua portuguesa, com certeza.

Abraço-a, cara Annalisa, e — espero — até breve.

Seu, fiel,

ALEXANDRE EULALIO

2. Dom Carlos Tasso de Saxe Coburgo e Bragança, membro da família real brasileira que vive em Udine, Itália no castelo de Villalta, onde Alexandre Eulalio se hospedou várias vezes.

No Boeing 707, entre São Paulo e Brasília
9 de outubro 1985

Annalisa caríssima

Desde anteontem, vivíssima as recordações luganesas, pensava escrever-lhe logo para dizer-lhe quanto significaram para mim estes estupendos quatro dias passados em companhia, e em que companhia! quase como em sonho. E digo bem, porque ontem, ao me despertar pela primeira vez no meu apartamento paulistano (se diz assim, quando se fala da cidade, não do Estado de São Paulo), reconhecendo aqui um quadro, lá uma cadeira, mais abaixo um porta-retrato com a imagem de algum amigo caro, via sempre o lago, amplo, profundo, já sem a capa de neblina seca deste Estado de São Martinho que ainda se prolonga até vocês. *Lago, montanha* – título de um dos mais notáveis livros do meu caro amigo Francisco Alvim[1] – mas que agora significam Annalisa e Friedrich e os novos caros amigos luganeses, tão hospitaleiros e generosos no acolhimento *sub tegmine Cimae*. Graças, cara bela alissa fênix toda brasa e sangue, mas exangue, alta torre que se reflete no espelho do lago, imagem da sua alma complexa, passagem constante entre líquido e volátil, no altanor onde se purifica o ser. A fênix serpente de penacho era o emblema de David Herbert Lawrence, a quem, como recordará, Tennessee Williams dedicou uma comédia brevíssima com apenas duas personagens, o poeta e a mulher, o qual, ato único, se chama exatamente, *I Rise in Flame, Cried the Phoenix*[2]. Todas as manhãs, vestal cândida, charpa com capa negra,

1. *Lago Montanha*, Rio de Janeiro, Coleção Caprichos, 1981.
2. Cf. *The Theatre of Tenessee Williams*, New York, New Directions, 1981, pp. 54-75.

como não só qual brasão guelfo (ou Guibelino) você se ergue em chamas, também você, para os jogos da invenção e do convívio ("ela telefonava, telefonava, telefonava" diz uma poesia de Murilo escrita ainda antes de você vir ao mundo, mas que a decifrava, magnólia ao telefone branco). Graças ainda a você e a Friedrich, cuja gentileza austro-húngara e pós-moderna ao mesmo tempo, mais a singularidade e o afetuoso diálogo e a atenção constante me tornaram muito caros.

Tenho pensado muito em tudo quanto planejamos sobre o prêmio, sobre co-edições, antologias, traduções e etc. Naturalmente não tive o tempo mínimo para contactar a Nova Fronteira, porque segunda 7 passei entre as malas por abrir e arrumar e à tarde coordenando o prêmio Jabuti (Jabuti: assim como a tartaruga terrestre que é um dos nossos tótens desde antes da descoberta e simboliza o festim lento do labor literário, prudência e sagacidade. Mário de Andrade em 24 publicou o seu *Clã do Jabuti*, volume de poesia de tema brasileiro, ao mesmo tempo em que o seu contemporâneo, o pintor Vicente do Rego Monteiro, desenhara uma criança gigante toda redonda diante da meia esfera totêmica com perna e cabeça significando a perenidade da "raça" brasílica – a palavra não tinha a conotação que tomaria anos depois). Um prêmio sem dotação, apenas a estatueta do jabuti (oxítono, repito) tendo a textura do casco cinzelada com o alfabeto, idéia bonita não lhe parece? Des Esseintes[3] introduziu jóias sobre a tartaruga simbolista na sua louca domesticidade para usufruir alguma centelha de cor nos raros sulcos do bichinho que morre de melancolia arrastando-se em cima do precioso tapete do Oriente. É o mesmo prêmio de certa importância no campo da tradução, veja bem, foi atribuído a *Uma Centena de Poemas de Emily Dickinson* traduzida por Aíla Gomes, livro do qual tinha falado a Marisa Bulgheroni neste último delicioso jantar antes que partisse de Via San Giorgio 22, sábado passado. Chegando ao Rio, fui à casa de Ana Maria e Eurico Vilela, onde estava minha prima mais velha Alaíde Neves, amiga íntima de Aíla Gomes, a qual me procurou logo depois. A esta última explico o interesse de enviar uma cópia da citada tradução à Bulgheroni (se trata de uma edição comentada poema por poema) aos cuidados de Cima em Lugano. (No dia seguinte o júri do prê-

---

3.   Personagem de *À Rebours* (1884) de Joris-Karl Huysmans.

mio, por unamidade, decide consignar a láurea a ela.) Assim faria o favor de passar a Marisa o volume que lhe enviarei via aérea; a sua prefaciadora, como sei, prepara uma edição das poesias dickinsonianas para o ano vindouro, ano centenário da morte de Emily. Mas dizia que não tive ainda tempo de falar com a Nova Fronteira porque ontem passei todo o dia preparando a viagem para Brasília hoje e respondendo ao telefone, enlouquecido de chamadas locais e interurbanas (até o embaixador francês em Brasília, convidando o Sr. Comissário-Geral para o banquete a Mitterrand na Embaixada terça, 14 horas)[4]. Logo depois da agitação da visita, se não imediatamente antes, entrarei em contato com a editora, onde a Luciana entregou finalmente o texto da poesia completa de Murilo quando eu estava na Europa[5]. Quanto a você escrever para a José Olympio, melhor deixar de lado: uma das primeiras coisas que soube no Rio é que minha amiga Maria Luiza Penna Moreira tinha acabado de deixar a editora (comprada pela xerox do Brasil) por motivo de filisteísmo editorial. Veremos que coisa acontece com a Nova Fronteira, onde, também, as coisas não são somente maravilhosas.

Neste envelope grande encontrará o texto xerox do poemeto Eulalio sobre Murilo[6] e da tradução italiana que um amigo do tempo de Ca'Foscari, Rino Cortiana, fez junto comigo. Talvez sobre esta versão, se não lhe agradar o resultado, podia fazer uma outra, sua? Coloquei algum material sobre meu caro Charters de Almeida que rabiscou o (para mim) belíssimo grafite do *LT*, e para o qual seria interessante encontrar um modo de torná-lo conhecido na Suíça, Lugano e em outra parte. Fiz uma cópia do convite para a mostra atualmente aberta no El Paso, terra de petrodólares, em 5 de outubro, quando estava com vocês. Logo que [Dom] João [Charters de Almeida e Silva] volte a Lisboa, em 1 de novembro, farei com que lhe envie algum belo catálogo, inclusive o portfólio dos seus balés, digo, as suas intervenções gráfico-luminosas sobre o palcocênico da dança. Belíssimas também as suas jóias e os

---

4. Alexandre Eulálio atuou como Comissário Brasileiro junto ao Ministério das Relações Exteriores dentro do Programa França Brasil de 1985-1986.
5. *Poesia Completa e Prosa*, Rio de Janeiro, Nova Aguilar, 1994.
6. Trata-se do *LT a Murilo Mendes*, escrito em 13 de maio 1971, publicado em *Alexandre Eulálio Diletante*, Remate de Males, Campinas/DTL-Unicamp, 1993.

seus tapetes. (Não brinco.) Vê-se um candidato no ponto para um segundo prêmio Schlesinger-Lugano de escultura... Falaremos, falaremos.

Em São Paulo esta manhã fazia frio, ou quase – 14°. Em Brasília estaremos na estação da chuva, de novo tempo de verde estendido e vivo sobre o campo e pela estrada cheia de árvores e de planos. Aí tem-se um mormaço quando não chove, mas venta e a chuva quase cotidiana refresca. A visita presidencial francesa será um pouco pesada como programa oficial, mas agora parece que não deverei mais acompanhar a comitiva em todo o percurso que inclui Brasília, São Paulo, Rio, São João del Rei (bela cidade de Minas onde também o Aleijadinho deixou o traço de seu gênio) – onde visitará o túmulo de Tancredo Neves – e Recife. Me disseram em Paris, mas parece que se mudou de idéia. Menos mal, depois de tudo. Terei mais tempo de pensar no Schlesinger-Lugano, nas poesias que devo ainda traduzir de *Hipóteses de Amor*, etc. etc. – e – tantos projetos de textos e de edições em curso ... de sonhos.

Agora a deixo, depois desta conversa semelhante àquela, sob o interfone do térreo ao primeiro andar da Via San Giorgio, em Castagnola, Lugano. Temporada inesquecível, diálogos inesquecíveis, amigos idem. Quanto me agradaria voltar logo para prosseguir todo este esplêndido comércio, no sentido forte e gentil da palavra!! Despeço-me porém, porque a hora urge. Caros Friedrich e Annalisa, tantas tantas coisas belas! E até breve, espero

Seu ab imo,

ALEXANDRE

Quando tiver tempo, envie os meus livros, se puder junte um catálogo da mostra húngara, que não pude comprar no dia que visitei a coleção Thyssen.

A bordo do Boeing 747 entre São Paulo e Brasília
19 de outubro de 1985

Annalisa – caríssima

Encontrei ontem a sua carta schlesingeriana que acompanhava a outra endereçada aos irmãos Lacerda[1], que muito me agradou e acho que os conquistará de uma vez com puro charme alissiano. Mitterrand partiu somente ontem. Como, de Brasília, depois devia acompanhar o meu "homólogo", o comissário-geral francês, Embaixador Lewin, não tive o tempo físico de contatar a Nova Fronteira nem mesmo quando permaneci no Rio com a comitiva – vistas aos trabalhos em curso ligados ao projeto (a Casa da Presença Francesa[2] – a Bolsa construída de 1818 a 1820 pelo Príncipe Regente, depois Rei Dom João VI, de autoria de Auguste Grandjean de Montigny: o primeiro edifício neoclássico puro do Brasil (Grandjean foi arquiteto régio de Jerônimo Bonaparte em Cassel, na rápida passagem deste último como rei da Westfália, preferindo antes imigrar para a América do Sul do que permanecer em Paris sob os Bourbons); entrevistas; encontros presidenciais com a colônia francesa, o banquete oficial oferecido pelo Governador do Rio de Janeiro. Mas contatarei a editora segunda próxima, depois de amanhã, ainda, porque devo fazer o meu estágio mensal de "conselheiro" antes do último dia do mês, como se

1. Sérgio e Sebastião Lacerda (o primeiro já falecido), filhos do jornalista e político Carlos Lacerda, fundador da Editora Nova Fronteira e Aguilar.
2. Hoje, sede da Casa França Brasil, situada no Centro do Rio de Janeiro.

deve. Estou muito otimista quanto aos programas da nossa Via Latina/não Láctea, nociva, pretensiosa, e que entre nós permanece levemente Kitsch porque remete, a nós brasileiros, à pompa um tanto quanto fúnebre de um celebérrimo poemeto de Olavo Bilac (1864-1916) (petrarquismo parnasiano não privado de marmórea beleza, mas muito dessacralizado pela geração toda modernidade anticonvencional de Murilo e Drummond)[3]. A esta altura já deve ter recebido tanto o envelope miscelânea enviado pela Fundação Bienal de São Paulo, como a carta paralela que me esqueci de inserir então no dito envelope. Peço-lhe, quando for possível, não somente me enviar o feio pacote de livro que deixei no meu quarto luganês, mais ainda os seus livros para aqueles amigos que lhe assinalei. Falei com Gastão de Holanda e Cecília Jucá[4], comentando o quanto a lembrança deles estava viva em você. Gastão ficou muito comovido. Estava muito animado: seu romance *A Jornada de Dom Cristóbal*, que se desenvolve em Pernambuco, no Seiscentos, no tempo da ocupação holandesa no Nordeste, depois de quase vinte anos de ostracismo, foi publicado pela José Olympio, veja bem! (Também a sua obra narrativa mestra, *Os Escorpiões* (*Gli scorpioni*), a autobiográfica educação sentimental de um rapaz provinciano de Pernambuco com uma moça hebréia ao mesmo tempo jovem e sofisticada nos anos da guerra 1939-1945, foi editada pela José Olympio em 1957.) O nome da minha amiga que enfim não está mais na José Olympio, como lhe referi na carta anterior, é Maria Luiza Penna Moreira, senhora Marcílio Marques Moreira, jovem importante banqueiro (e ex-diplomata) do grupo Unibanco. Você a conhecerá assim mesmo em junho, grande dama que é, bela e inteligente, esplêndida tradutora de Henry James; tentei premiar a sua versão comentada de *Os Papéis de Aspern*[5] com o prêmio Jabuti, mas venceu *Uma Centena de Poemas de Emily Dickinson*[6], também este um belo trabalho, todo fidelidade e paixão de uma outra conhecida de há muito tempo, Aíla Gomes. Devo terminar esta carta aqui, mas lhe escreverei logo depois das conversas

---

3. Trata-se do conjunto de poemas sob o título "Via Láctea", publicado, no livro *Poesias*, São Paulo, Teixeira Irmão.

4. Gastão de Holanda (1919), romancista, poeta, jornalista e sua mulher, também jornalista.

5. Obra editada pela Global, São Paulo, 1984.

6. Editada pela Edusp/T.A, Queiroz, São Paulo, 1985.

com a Nova Fronteira sobre a "Via Latina" e possíveis futuras outras possi-
bilidades co-editoriais.

Saúdo o caro Friedrich, assim como a todos os amigos luganeses e o
mais afetuoso abraço à brasileira do seu fiel.

ALEXANDRE EULALIO

São Paulo, 13.VII.86

Cara Annalisa:

Obrigado pelo seu cartão córsico. Impossível ir em setembro até vocês malgrado o grande desejo. Deixei o projeto França-Brasil e volto à Universidade: em setembro entre nós se trabalha. A rua com o bondinho carioca subindo a nossa "Via Latina". Com saudações a Friedrich e a você

ALEXANDRE EULALIO

POSFÁCIO DE ANNALISA CIMA

Hipóteses de Amor compõe-se de duas partes: na primeira domina a figura de Cherubino, na segunda fazem sua aparição os amigos, componentes de uma família utópica aos quais o eu poético se dirige.

A primeira parte "a Cherubino", mais encantador que sedutor, esclarece desde a dedicatória ("Se não tenho quem me ouça/ Falo de amor comigo"), que se trata de um solilóquio do poeta, solilóquio que tende a identificar a miragem, o sortilégio do amor por si mesmo e pelo outro, numa duplicidade que é espelhamento.

Cherubino irradia ao mesmo tempo o desdobramento do desejante-desejado. Assim "o desejado repousa androginamente no desejo, como na vida das plantas o masculino e o feminino repousam na mesma flor". A androginia do mozartiano Cherubino se presta ao desdobramento do canto e do contracanto, do eu e do não-eu, do solilóquio e do diálogo, tornando-se de quando em quando o depositário da mensagem poética que está implícita no incessante diálogo entre sujeito e objeto poético.

Marisa Bulgheroni escreve no prefácio da edição italiana:

Os êxitos inéditos de *Hipóteses de Amor* foram antecipados por Sesamon, que Cesare Segre definiu como um "cancioneiro", nele individualizando com percepção muito lúcida um multiplicar-se de revelações, um solitário dilatar-se do indefinível, que só se libera no canto e que nele faz sentir a nostalgia de um objeto, aí colhendo o instaurar-se de uma renovada e sutil equação entre o erotismo e a música. Sob o signo de Cherubino, que engloba misteriosamente tais equações, enseja-se, para Annalisa Cima, a redescoberta das potencialidades míticas sepultas na palavra poética ou por ela sugeridas: o canto mobiliza e funde em rápidas alquimias verbais a linguagem da grande poesia amorosa (do Stilnovo a Petrarca, a Tasso, à lírica setecentista) e um léxico pessoal de elíptica elegância, de firme exatidão contemporânea. Palavras que uma longa ascendência exauriu, limando-as quase a ponto de torná-las transparentes, puros sons de uma língua arcaica, extinta, espoliada de seus referenciais, adquirem, afastadas no hoje, no embate com a poética moderna do objeto, a força de signos de um novo código lírico.

A primeira parte de *Hipóteses*, dedicada a Cherubino, foi escrita em 1982, quando conheci Friedrich [Glombik], inspirador daqueles doze poemas. As poesias da segunda parte de *Hipóteses de Amor*, dedicadas aos amigos, na seção "a outros", nasceram nos tempos em que conheci Montale.

Desde 1967-1968, o editor Vanni Scheiwiller (considerado na Itália o mais sofisticado e prestigioso editor de poesia e de livros de arte) falava freqüentemente a meu respeito em suas visitas ao amigo Eugenio Montale. Levava-lhe catálogos de minhas exposições de pintura, recortes de jornais e até mesmo a minha primeira monografia lançada na sua coleção "All'insegna del pesce d'oro" em 1968, com prefácio de Alberto Sartoris. Vanni mantinha viva a curiosidade de Montale falando-lhe de minha amizade com Aldo Palazzeschi, com Lucchino Visconti, e Montale lhe retrucava dizendo:

Tendo me apresentado tantas pessoas, sempre prontas a pedir-me duas linhas de prefácio, como é possível que você não me tenha feito conhecer essa sua autora, tão original que prefere a companhia de Aldo Palazzeschi e Luchino Visconti à de tantos autores e críticos que nós conhecemos. Você publicou-a como pintora, fala entusiasticamente de sua poesia, em suma, o que está esperando, vai logo a essa Annalisa Cima e diga-lhe que a espero ansioso.

Scheiwiller chegou a mim ofegante, entregou-me um livro com dedicatória de Montale e me disse que ele queria conhecer-me. Tomei uma monografia cor amarelo-laranja que Scheiwiller havia editado no dia do meu aniversário (20 de janeiro) e nela escrevi por minha vez uma dedicatória a Montale, que dizia: "Já conheço muitos monstros-sagrados: Marianne Moore, Giuseppe Ungaretti e Aldo Palazzeschi; o quarto seria de fato demasiado; declino do convite com admiração". A troca de presentes por intermédio de nosso editor-mensageiro continuou por bastante tempo. Foi então que Scheiwiller me preparou um ardil: telefonou-me de Roma dizendo que não tivera tempo suficiente para convidar-me por escrito, mas que na semana seguinte haveria um lançamento importante ao qual gostaria que eu comparecesse. Voltei a

Milão e no dia combinado cheguei para assistir ao misterioso lançamento. Cheguei tarde e fiquei surpresa ao ver que a sala estava dura de gente; permaneci no fundo e me dei conta da brincadeira que Scheiwiller fizera comigo, pois na mesa, com o editor, lá estava Montale, que bufava, dissentia e fumava num hilariante número à Chaplin. Depois, de repente, levantou-se e veio em direção da saída, inflando as bochechas como um guerreiro viking. Ao chegar ao fundo da sala se deteve, olhando-me como se me conhecesse: "Sou Annalisa Cima", disse-lhe; e Montale, com um tom de voz que não admitia recusa, respondeu por sua vez: "Amanhã, às onze da manhã em minha casa". E saiu sem dizer mais nada. No dia seguinte fui encontrá-lo, o que logo se tornou um hábito. Dirigia-me uma carrada de perguntas, parecendo querer recuperar o tempo perdido. Certa manhã de 1969, fui procurá-lo e, como de hábito, sentei-me de frente ao De Chirico que dominava a parede; trazia-lhe de presente um exemplar de *Terzo Modo*, meu primeiro livro de poesias publicado por Scheiwiller. No dia subseqüente, quando voltei, Montale me apostrofou, dizendo: "Leia e diga-me se está de acordo". Li e fiquei pasma ao ver que se tratava de um ensaio sobre *Terzo Modo*, que Montale queria publicar. Roguei-lhe que me deixasse caminhar com minhas próprias pernas; guardaria o ensaio só para mim, ficaria sendo um segredo nosso. No outro dia, disse-me que a idéia de um segredo lhe havia agradado muito, mas que o "segredo" teria uma consistência muito mais ampla. Deixou-me uma boa meia hora com ânsia de saber. Aproveitei a pausa para oferecer-lhe de presente uma poesia: era "Terso perfil de mar" que publiquei muitos anos depois em *Hipóteses de Amor*. Montale leu-a e disse: "Com que então sou agora a sua musa. A poesia é belíssima, obrigado. Você deve mantê-la secreta até a minha morte, bem como outras que lhe darei" e me entregou "Mattinata", a primeira poesia da série de 1984 que deram vida ao *Diário Póstumo*. Na verdade, era para serem dois diários paralelos: o de Montale foi publicado, segundo sua vontade, cinco anos depois de sua morte; das minhas poesias, somente algumas saíram impressas, exatamente aquelas da segunda parte de *Hipóteses de Amor*, ou sejam, as dedicadas a outros, aos amigos. O fulcro comum das duas coletâneas, *Diário Póstumo* e *Hipóteses de Amor*, é a amizade como momento privilegiado: sentimento que redime o mundo de suas torpezas. Na juventude, Montale aprendera que a música e a poesia distraem das tristezas da vida e dos aborrecimentos que os outros nos causam; são capazes de vencer em suma a melancolia que acompanha cada gesto nosso. Na velhice, de repente, a amizade lhe pareceu a única saída para saborear o prazer de uma projeção que o distraísse da sensação de incapacidade que o acompanhara durante toda a vida: a inabilidade de combater os outros, além do medo do presente, mas também do desconhecido, do futuro. E preencher esse futuro com um projeto concreto talvez lhe parecesse o melhor modo de exorcizá-lo. O esquecimento revela-se como um estado de impotência do ser humano; daí a sábia loucura de quem, para preencher o vazio, inventa um novo sentido da vida através da poesia que nos envia do além. Exatamente em uma das poesias do *Diário Póstumo*, Montale escreve: "Levarás contigo meu último sopro / de poesia"... (e já ao fim da mesma): "Um som límpido os cristais / emitem quando o vento / os aflora..." E é curioso constatar como anos depois, quando enviei *Hipóteses de Amor* a Alexandre Eulalio, também ele expressou o mesmo juízo sobre aqueles poemas. Mas demos um passo atrás: em 1973, em Roma, eu havia conhecido Murilo Mendes, crítico e poeta conhecidíssimo na Itália, originário do Rio de Janeiro, cônsul do Brasil na Itália, e foi o próprio Murilo quem me apresentou Alexandre Eulalio, daí nascendo entre nós uma profunda amizade. Recordo uma noite de leitura de poesia na qual eu lia em italiano e Alexandre traduzia para os amigos em português à primeira vista. Era um tradutor excepcional, conhecedor de música e amante das assonâncias, admirador de toda a poesia da qual costumava dizer: a poesia se reconhece pelo canto, pela musicalidade que a transporta a uma esfera celestial e a desancora da terra. Mal recebeu o exemplar de *Ipotesi d'Amore*, Alexandre escreveu-me uma carta cheia de entusiasmo parafraseando as poesias e entrando em seu significado, apegando-se à musicalidade. Em 1985, retornando do Castelo de Villalta, onde fora hóspede de seu amigo, Dom Carlos de Saxe Coburgo e Bragança, veio encontrar-me em Lugano, onde foi nosso convidado por uma semana. O estúdio contíguo ao quarto de hóspedes, no pequeno apartamento logo abaixo do nosso, tinha uma magnífica vista para o lago, talvez tenha sido aquela paisagem, aquela vista da montanha em frente ao San Salvatore, que lhe trouxe a lembrança do Brasil e o inspirou. O certo é que certa manhã subiu para o café com parte das poesias traduzidas, que havia traduzido de um jato, e as tra-duções eram extraordinárias. Perguntei-lhe como pudera, em tão pouco tempo, traduzir todas aquelas poesias, respondeu-me que já, quando havia escrito a carta falando-me de *Hipóteses de Amor*, amadurecera o pensamento de querer traduzi-las, mas esperava nosso reencontro para poder fazer-me algumas perguntas. Com efeito, nos dias precedentes, fosse passeando junto, fosse à mesa, não cessava de entremear perguntas sobre as poesias. Disse que jamais um livro de poemas lhe havia comovido tanto, que havia muito esperava que um poeta voltasse a despertar em clave contemporânea a grande poesia italiana, restaurando os modelos clássicos há muito abandonados, ou até mesmo rejeitados. Aquele reclamo ao virgiliano *adgnosco veteris vestigia flammae* (conheço os sinais do antigo fogo), a arcádia conexa ao nome de Amintas, e aquele *incipit* dantesco: Amante amado amando-te, o haviam totalmente fascinado, convencido de que as poesias de *Hipóteses* eram um importante acontecimento literário fosse na Itália ou no estrangeiro. De fato, esses poemas foram traduzidos nos Estados Unidos, em Nova York, pelo mesmo tradutor da obra de Montale: o jovem e bravo Jonathan Galassi. Disse-me que iria continuar a tradução em seu retorno ao Brasil, mas infelizmente dele só recebi alguns telefonemas, depois um longo silêncio e um triste dia um telefonema no qual me perguntavam se eu sabia que Alexandre havia morrido, me parecia incrível. Voltando agora a pensar em tudo, na maneira como nos despedimos, aquele adeus quase insólito e a menção de que estava preocupado com a saúde, eram sinais de que sabia que aquela era a última vez em que nos avistávamos.

O caro Alexandre nos havia deixado. Havíamos perdido o amigo sincero, arguto, culto, aristocrático, inesquecível para aqueles que o haviam conhecido. Alexandre, no entanto, deixou um sinal indelével de si, o sinal inequívoco do tradutor-artista que reconhece a poesia, que a faz sua com aquele amor, aquela paixão indestrutível, que nem mesmo a morte consegue apagar. Alexandre permanece através de suas traduções, de seus escritos, com sua imagem sorridente, ícone de um tempo poético que é eterno.

Algo, portanto, congrega os amigos desaparecidos, o retorno contínuo de dons mesmo depois de sua morte.

Assim o tempo refletido do depois em sua metamorfose não retirou a força da utopia de um pequeno estado de amigos que vivem na arte e pela arte. Montale, visitante do outro mundo, realiza uma viagem no depois por anseio de uma segunda vida; eis a chave do enigma que deixou sob a forma de dádiva. Mas algo existe em comum com estes dois amigos desaparecidos, o retorno contínuo de dádivas mesmo depois de mortos. A poesia exprime o liame profundo entre o passado e o presente. E o jogo secreto dos destinos cruzados recomeça.

A Alexandre Eulalio

Fulgor fugaz de uma alma faustiana
que busca repouso e paz no esquecimento,
que fiques no tempo trazida por uma corrente
inapagável de poesia, reaparecer

é o sinal de sua presença rapsódica.
Quando o indistinto se torna índigo,
então revive no encanto dos dias,
e sobre o declive da nostalgia, retorna.

Lugano, 18.03.2001

TRADUÇÃO

MARIA EUGENIA BOAVENTURA
E IVO BARROSO

Alexandre e Friedrich Glombik, 1986 – Lugano.

Título	Hipóteses de Amor
Autora	Annalisa Cima
Organizadores	Maria Eugenia Boaventura e Ivo Barroso
Tradutores	Alexandre Eulalio e Ivo Barroso
Revisão	Maria Eugenia Boaventura
Capa e Projeto Gráfico	Ricardo Assis e Plinio Martins Filho
Editoração Eletrônica	Aline E. Sato Amanda E. de Almeida Ricardo Assis
Administração Editorial	Valéria C. Martins
Formato	18 x 27 cm
Tipologia	Bembo
Papel	Pólen Rustic Areia 120 g
Impressão	Lis Gráfica
Número de Páginas	128